Inhalt

Value-Investing - die Anlagestrategie des Starinvestors Warren Buffett

Kernthesen

Beitrag

Fallbeispiele

Weiterführende Literatur

Impressum

Value-Investing - die Anlagestrategie des Starinvestors Warren Buffett

Thomas Trares

Kernthesen

- Value-Investing gilt langfristig als eine der erfolgreichsten Kapitalanlagestrategien.
- Auf Basis dieses Ansatzes hat sich der US-Investor Warren Buffet ein Milliardenvermögen aufgebaut.
- Bekanntester deutscher Value-Investor ist der Wormser Wirtschaftsprofessor Max Otte.
- Kern der Strategie ist es, qualitativ hochwertige Aktien günstig zu kaufen und teuer zu verkaufen.

- Mit dem Value-Ansatz wurde die Aktienanalyse erstmals auf wissenschaftliche Grundlage gestellt.

Beitrag

Die Grundidee des Value-Investing

An den Kapitalmärkten verfolgen die Anleger ein ganzes Bündel unterschiedlicher Strategien. Die wohl bekannteste ist das Value-Investing des US-Starinvestors Warren Buffett. Bei diesem Ansatz geht es darum, Aktien zu kaufen, deren aktueller Kurs einen deutlichen Abschlag zum fairen oder inneren Wert der Aktie aufweist. Schlüssel des Erfolgs ist es, qualitativ hochwertige Unternehmen zu identifizieren, diese günstig zu kaufen und später mit Gewinn zu verkaufen. (2), (4), (6)

Warren Buffett als Ikone des Value-Investing

Der bekannteste Value-Investor ist Warren Buffett, der mit dieser Strategie seit Jahrzehnten hohe

Renditen erzielt. "Kaufe einen Dollar, aber bezahle nicht mehr als 50 Cent dafür", lautet seine Devise. Buffett hat in den sechziger Jahren die Textilfirma Berkshire Hathaway übernommen und im Laufe der Jahre zu einem Imperium mit mehr als 80 Firmen ausgebaut. Heute beträgt der Börsenwert 280 Milliarden Dollar. Buffetts Vermögen wird auf 58,5 Milliarden Dollar geschätzt, damit wäre er der viertreichste Mensch der Welt. Vornehmlich investiert Buffett in Amerika, seine bevorzugte Branche ist die Versicherungswirtschaft. Seinen Aktionären bescherte er im Durchschnitt der vergangenen Jahrzehnte eine Rendite von rund 20 Prozent. (1)

Vor- und Nachteile des Value-Investing

Untersuchungen zeigen, dass ab einer Haltedauer von fünf Jahren die Value-Strategie besser abschneidet als der breite Markt. Ein weiterer Vorteil ist, dass man dafür weder Chartprogramme benötigt noch komplizierte Berechnungen anstellen muss. Ein Blick in die Bilanz und auf den Kurs reichen in der Regel aus. Dennoch dürfte die Strategie für viele Kleinanleger zu aufwändig sein. Denn vielen fehlt die Zeit, um sich Märkte und Unternehmen intensiv anzuschauen und sich einen Überblick zu verschaffen. Als Alternative bieten sich Fonds mit Schwerpunkt Value-Investing an. Schwierig ist zudem, den inneren Wert einer Aktie zu bestimmen, da die künftigen Einzahlungen heute noch nicht bekannt sind und damit auf vagen Schätzungen beruhen. (2), (7)

Trends

Warren Buffetts Holding, Berkshire Hathaway, hat im dritten Quartal 2013 ihren Gewinn um 29 Prozent auf 5,1 Milliarden Dollar gesteigert. Grund für den Anstieg waren einträglichere Derivate-Geschäfte. Vornehmlich ist Berkshire Hathaway aber an zahlreichen US-Großkonzernen beteiligt wie General Electric, Coca-Cola und IBM. Den größten Anteil am Gewinn von Berkshire Hathaway haben aber weiterhin die direkten Tochtergesellschaften, bei denen das Ergebnis um acht Prozent auf etwa 3,7 Milliarden Dollar zunahm. Buffett gehören unter anderem noch Energieversorger, Versicherungen und die Frachteisenbahn Burlington Northern Santa Fe. Jüngst kamen das Ketchup-Unternehmen H. J. Heinz sowie mehrere Lokalzeitungen hinzu. In der Kasse befinden sich derzeit rund 42,1 Milliarden Dollar. Mit diesem Geld will Buffett weiter auf Einkaufstour gehen. (1), (9)

Bei der Frage nach der besten Anlagestrategie liefert

sich der Value-Ansatz seit jeher ein Kopf-an-Kopf-Rennen mit der Growth-Strategie. Bei letzterer handelt es sich um einen wachstumsorientierten Anlagestil, der auf innovative Unternehmen mit überdurchschnittlichem Gewinn- und Umsatzwachstum setzt. Dividenden und aktuelle Bewertung spielen hier nur eine untergeordnete Rolle, entscheidend ist die Wachstumsphantasie. Im langfristigen Vergleich hat allerdings der Value-Stil die Nase vorn. (6), (7)

Fallbeispiele

Urvater des Value-Investing ist Benjamin Graham, der 1934 mit seinem Buch "Security Analysis" den Grundstein für die Fundamentalanalyse von Wertpapieren legte. Die Investmentanalyse war bis zu diesem Zeitpunkt eine eher zufällige, intuitive Angelegenheit. Graham erkannte, dass viele Investoren sich von vergangenen Entwicklungen, Gerüchten oder ihrem Bauchgefühl leiten ließen oder Trends hinterherliefen. Deswegen riet er zu einer mechanischen Anlagestrategie mit festen Regeln. Eine der wichtigsten ist, Aktien zu einem Kurs zu kaufen, der niedriger ist als ihr innerer Wert. Graham gab der Aktienanalyse mit seiner Methode erstmals ein wissenschaftliches Fundament. Zugleich war er auch geistiger Ziehvater des späteren Star-Investors

Warren Buffett. (5), (6), (7)

Der wohl bekannteste Value-Investor in Deutschland ist der Wormser Wirtschaftsprofessor Max Otte, der auch als einer der wenigen seiner Zunft die Finanzkrise vorausgesagt hatte. "Billig kaufen und teuer verkaufen", lautet seine Devise. Seit 2008 führt Otte mit dem PI Global Value Fund seinen ersten eigenen Fonds, im Juli 2013 kam der Max Otte Vermögensbildungsfonds hinzu. Auf der Suche nach unterbewerteten Aktien sucht Otte gerade dort, wo andere nicht hingucken. Dies kann in Branchen sein, die gerade nicht in Mode sind oder in Regionen mit Problemen wie Griechenland, Italien und Japan. Investiert wird vor allem in Qualitätstitel und billige Aktien. Beispiele hierfür sind inhabergeführte Mittelständler wie Atoss Software, United Internet, CTS Eventim und GrenkeLeasing oder aber globale Toptitel wie Nestlé, Novartis und Coca-Cola. (3)

Auf Basis der Value-Strategie investieren auch Henrik Muhle und Uwe Rathausky in ihren Mischfonds Gané Value Event. Die beiden Fondsmanager sind zugleich Vorstand der Gané AG mit Sitz in Aschaffenburg. Ihr 2008 aufgelegter Fonds kann mit einem Wertzuwachs von kumuliert 30 Prozent in den vergangenen drei Jahren aufwarten. Damit liegt er in einer Auswertung des Fondsanalysehauses Lipper auf Platz vier von gut 150 Mischfonds. Der Gané-Fonds ist im Aktienbereich auf den deutschsprachigen Raum und die USA ausgerichtet. Die vier größten Titel sind IBM, Berkshire Hathaway, McDonalds und Coca-Cola. Dies sind für Value-Investoren typische Positionen.

(4)

Eine Möglichkeit für Anleger, interessante Value-Aktien herauszufiltern, ist das von dem US-Ökonomen Joseph D. Piotroski entwickelte Kennzahlensystem Piotroski F-Score. Dieses versucht, unter unterbewerteten und abgestürzten Aktien diejenigen mit der höchsten Überlebens- beziehungsweise Turnaround-Wahrscheinlichkeit herauszupicken. Dazu werden alle Aktien des zu untersuchenden Marktes absteigend nach ihrem Buchwert-zu-Marktwert-Verhältnis geordnet. Diejenigen Titel, die in der Liste oben stehen, sind Value-Aktien. Für die weitere Auslese werden folgende neun Kennzahlen betrachtet.

- Nettogewinn > 0

- Operativer Cashflow > 0

- Gesamtkapitalrendite > Vorjahreswert

- Operativer Cashflow > Nettogewinn

- Langfrist-Schulden/Bilanzsumme < Vorjahreswert

- kurzfristige Verbindlichkeiten/Umlaufvermögen < Vorjahreswert

- Anzahl am Markt handelbarer Aktien <= Vorjahreswert

- Bruttogewinnmarge > Vorjahreswert

- Umsatzwachstum > Wachstum der Bilanzsumme

Aktien, die acht oder alle neun dieser Kriterien erfüllen, sind nach Piotroski die besten Kaufkandidaten. Im Zeitraum von 1976 bis 1996 produzierte seine Strategie eine durchschnittliche Jahresrendite von rund 23 Prozent - mehr als das Doppelte des US-Index S&P 500 im selben Zeitraum. (8)

Weiterführende Literatur

(1) Warren Buffetts Holding streicht satte Gewinne ein
aus Handelsblatt online vom 02.11.2013

(2) Fondsanlage à la Buffett
aus Handelsblatt Nr. 208 vom 29.10.2013 Seite 034

(3) "Grünes Licht für Aktien"
INVESTMENTSTRATEGIEN JENSEITS DES MAINSTREAM Interview mit Max Otte über Bewertungen und Börsenpsychologie, die ultralockere Zinspolitik der Notenbanken und seine Aktienfavoriten Barrick Gold und Wolters Kluwer
aus EURO, 23.10.2013, Nr. 11, S. 101 - 104

(4) Der Gané Value Event umschifft geschickt die Risiken
aus FAZ.NET, 11.09.2013

(5) Der Einstein der Börse BENJAMIN GRAHAM Er gilt als Ikone der Geldanlage, Schöpfer des Value Investing und geistiger Ziehvater Warren Buffetts. Sein Buch "Security Analysis" hat einen Ehrenplatz in der Ruhmeshalle der Investmentbücher: Benjamin Graham war der Erste, der in den 30er-Jahren Unternehmen ernsthaft analysierte -und damit an der Wall Street ein Vermögen machte
aus Börse Online, 30.10.2013, Nr. 45, S. 80 - 81

(6) Value & Growth: ein Wechselspiel FONDS & ETFS Value- und Growth-Strategien haben sich über Jahrzehnte hinweg als klassische Anlagestrategien bewährt. Was sich dahinter verbirgt und zu welchem Anlegertyp sie passen
aus Börse Online, 05.09.2013, Nr. 37, S. 16

(7) Börsenerfolg mit System STRATEGIEN Ein möglichst hoher Gewinn bei möglichst niedrigem Risiko - das ist der Wunsch eines jeden Anlegers. BÖRSE ONLINE erläutert, wie die unterschiedlichen Anlagemethoden funktionieren
aus Börse Online, 05.09.2013, Nr. 37, S. 14 - 15

(8) Phänomene des Marktes Best of Value
aus Smart Investor, Heft 10/2013, S. 36-37

(9) Warren Buffett verdient glänzend

aus Frankfurter Allgemeine Zeitung, 04.11.2013, Nr. 256, S. 21

Impressum

Value-Investing - die Anlagestrategie des Starinvestors Warren Buffett

Bibliografische Information der deutschen Nationalbibliothek

Die Deutsche Nationalbibliothek verzeichnet diese Publikation in der deutschen Nationalbibliografie; detaillierte bibliografische Daten sind im Internet über http://dnb.d-nb.de abrufbar.

ISBN: 978-3-7379-0661-6

© 2015 GBI-Genios Deutsche Wirtschaftsdatenbank GmbH, Freischützstraße 96, 81927 München, www.genios.de

Alle Rechte vorbehalten. Dieses Werk ist einschließlich aller seiner Teile – z.B. Texte, Tabellen und Grafiken - urheberrechtlich geschützt. Jede Verwertung außerhalb der Grenzen des Urheberrechtsgesetzes bedarf der vorherigen Zustimmung des Verlags. Dies gilt insbesondere auch für auszugsweise Nachdrucke, fotomechanische

Vervielfältigungen (Fotokopie/Mikroskopie), Übersetzungen, Auswertungen durch Datenbanken oder ähnliche Einrichtungen und die Einspeicherung und Verarbeitung in elektronischen Systemen.